MOCKTAILS

jus, smoothies, milk-shakes & Co.

★ 100 RECETTES INRATABLES ★

100% cuisine

MANGO

SOMMAIRE

MOCKTAILS

SMOOTHIES *et jus*

★ MILK-SHAKES ★

★ BOISSONS *maison* ★

ENVIE d'agrumes

Mocktail façon negroni
★ P. 16

Mocktail façon caïpirinha au concombre et à l'ananas
★ P. 28

Punch d'été sans alcool
★ P. 80

Mocktail au darjeeling, gingembre et citron vert

★ P. 78

Milk-shake au citron vert

★ P. 154

Citronnade maison

★ P. 208

ENVIE de fruits rouges

Mocktail façon cosmopolitan
★ P. 14

Smoothie fraise-banane
★ P. 88

Milk-shake mûre-figue
★ P. 148

Smoothie au lait ribot et aux mûres

★ P. 130

Smoothie framboise-ananas

★ P. 126

Limonade aux fraises

★ P. 202

ENVIE de fruits exotiques

Mocktail aux litchis

★ P. 40

Mocktail à l'ananas, citron et pomme

★ P. 44

Mocktail citron vert-coco

★ P. 60

Mocktail façon téquila sunrise

★ P. 50

Jus d'ananas, orange, gingembre et curry

★ P. 142

Milk-shake aux fruits de la passion

★ P. 166

MOCKTAILS

MOCKTAIL
façon cosmopolitan

POUR 1 VERRE
PRÉPARATION : 10 MIN

5 cl de jus de cranberry
1 cuillerée à soupe de jus de citron vert
10 cl de soda au gingembre (type Canada Dry®)
1 rondelle de citron vert pour le décor
glace pilée

★★★

Astuce
Vous pouvez ajouter un peu de gingembre frais râpé dans le blender.

1. Versez le jus de cranberry et le jus de citron dans un blender. Ajoutez 1 cuillerée à soupe de glace pilée et mixez quelques secondes à puissance maximale.

2. Versez le cocktail dans un verre, allongez de soda et mélangez à la cuillère. Décorez d'une rondelle de citron vert. Servez aussitôt.

MOCKTAIL *façon negroni*

POUR 1 VERRE
PRÉPARATION : 10 MIN

½ orange (non traitée ou bio)
10 cl de jus de pamplemousse
10 cl de jus de raisin
glaçons

★★★

Astuce

Pour un cocktail plus sucré, vous pouvez ajouter 1 ou 2 cuillerées de sirop d'orange sanguine.

1. Prélevez une longue lanière de zeste sur l'orange. Pressez son jus.

2. Directement dans le verre, mélangez le jus de raisin avec les jus d'orange et de pamplemousse.

3. Ajoutez le zeste et quelques glaçons. Mélangez à la cuillère et dégustez.

SAILMAKERS
1896
LTD.
DEVON

MOCKTAIL FAÇON GIMLET
au concombre

POUR 1 VERRE
PRÉPARATION : 10 MIN

½ citron jaune
¼ de concombre
soda tonique
1 cuillerée à soupe de cassonade
glace pilée

★★★

Astuce

Le jus de concombre peut également se réaliser à l'aide d'une centrifugeuse.

1. Lavez soigneusement le concombre, ne le pelez pas, retirez les graines et mixez-le. Filtrez la préparation. Prélevez une fine lanière de zeste de citron et pressez son jus.

2. Dans un shaker, versez 7 cl de jus de concombre, le jus de citron, le sucre et un peu de glace pilée. Secouez énergiquement pendant 1 minute.

3. Versez dans un verre ou une coupe, complétez par du soda. Décorez d'un zeste de citron et dégustez.

MOCKTAIL
façon bloody mary

POUR 1 VERRE
PRÉPARATION : 10 MIN

1 petite branche de céleri
15 cl de jus de tomate
1 cuillerée à soupe de jus de citron
quelques gouttes de sauce Worcestershire
quelques gouttes de Tabasco®
sel au céleri, poivre
glaçons

★★★

Astuce

À la belle saison, utilisez des tomates fraîches, pelées et épépinées.

1. Lavez et effilez la branche de céleri en gardant quelques feuilles pour la décoration.

2. Dans un blender, mettez le jus de tomate, le céleri, le jus de citron, les sauces, un peu de sel et de poivre. Ajoutez quelques glaçons et mixez jusqu'à obtenir une préparation homogène.

3. Versez dans un grand verre, décorez de céleri frais et dégustez.

MOJITO
sans alcool

POUR 1 VERRE
PRÉPARATION : 5 MIN

1 citron vert
½ citron jaune
1 brin de menthe
15 cl d'eau gazeuse
2 cuillerées à soupe de cassonade
glaçons

★★★

Astuce

Pour retrouver le goût original du mojito, remplacez la cassonade par du sirop aromatisé au rhum vieux et aux épices (Monin®).

1. Lavez et coupez les citrons en quartiers. Lavez et séchez la menthe.

2. Dans le fond d'un verre, écrasez à l'aide d'un pilon la moitié des quartiers de citron vert, le sucre et quelques feuilles de menthe, jusqu'à ce que le sucre soit dissous.

3. Ajoutez l'eau gazeuse bien froide, le reste des quartiers de citron et quelques glaçons. Remuez une dernière fois. Décorez d'un brin de menthe et servez.

MOCKTAIL FRUITÉ *pomme-pamplemousse*

POUR 1 VERRE
PRÉPARATION : 5 MIN

7 cl de jus de pomme
7 cl de jus de pamplemousse
1 cuillerée à soupe d'eau de fleur d'oranger
glaçons

★★★

Astuce

Vous pouvez réaliser vous-même les jus de pomme et de pamplemousse à l'aide d'une centrifugeuse.

1. Dans un shaker, versez les jus de pomme et de pamplemousse ainsi que l'eau de fleur d'oranger.

2. Ajoutez une poignée de glaçons et secouez énergiquement le shaker pendant 1 minute.

3. Versez dans une coupe (sans les glaçons) et dégustez sans attendre.

MOCKTAIL FAÇON DAÏQUIRI *aux fraises*

POUR 1 VERRE
PRÉPARATION : 10 MIN

50 g de fraises
10 cl de jus d'ananas
5 cl de jus de citron vert
3 cl de sirop de fraise
glace pilée

★★★

Astuce

N'équeutez surtout pas les fraises avant de les laver, elles se gorgeraient d'eau.

1. Lavez et séchez les fraises. Réservez-en une pour le décor du verre. Équeutez et coupez les autres en morceaux.

2. Mettez les morceaux de fraises, le sirop de fraise, le jus d'ananas et le jus de citron vert dans un blender. Ajoutez une cuillerée à soupe de glace pilée et mixez à puissance maximale pendant quelques secondes.

3. Versez le daïquiri dans un verre. Faites une petite entaille dans la fraise réservée et enfoncez-la sur le bord du verre. Servez aussitôt.

MOCKTAIL FAÇON CAÏPIRINHA
au concombre et à l'ananas

POUR 1 VERRE
PRÉPARATION : 10 MIN

¼ de concombre
1 citron vert
15 cl de jus d'ananas
1 cuillerée à soupe de sirop de sucre de canne
glaçons

★★★

Astuce

Ajoutez dans le blender quelques feuilles de basilic ou de menthe, ou encore le zeste du citron vert.

1. Détaillez 2 fines rondelles de concombre et réservez-les puis pelez et épépinez le reste. Coupez une fine rondelle de citron, réservez-la puis pressez le jus du reste du citron.

2. Dans un blender, versez le sirop, le jus d'ananas et le jus de citron. Ajoutez le concombre et les glaçons. Mixez jusqu'à obtenir une préparation homogène.

3. Versez dans une coupe ou un verre, décorez des rondelles de citron et de concombre puis dégustez.

TONIC À L'EAU DE ROSE
et au jus de citron

POUR 1 VERRE
PRÉPARATION : 10 MIN

½ citron jaune (non traité ou bio)
2 brins de thym frais
2 cuillerées à soupe de sirop de rose
1 cuillerée à soupe d'eau de rose
20 cl de tonic (Schweppes®)
glaçons

★★★

Astuce

Vous pouvez remplacer la moitié du tonic par du nectar de goyave : son goût se marie très bien avec celui de la rose.

1. Prélevez quelques lamelles fines de zeste de citron et pressez son jus.

2. Directement dans un verre, mélangez le jus de citron, le sirop et l'eau de rose, le zeste et le thym.

3. Ajoutez quelques glaçons et allongez de tonic. Dégustez sans attendre.

MOCKTAIL FAÇON SPRITZ
à la pomme

POUR 1 VERRE
PRÉPARATION : 5 MIN

15 cl de champagne sans alcool (ou de limonade) bien frais
10 cl de jus de pomme
1 cuillerée à soupe de sirop d'orange
quelques lamelles de pomme pour le décor
glaçons

★★★

Astuce

Pour apporter un peu d'amertume à ce cocktail, ajoutez une bande de zeste d'orange prélevée à l'économe, ou une belle rondelle d'orange.

1. Dans un pichet, mélangez à la cuillère le sirop, le jus de pomme et le champagne.

2. Versez dans un grand verre, ajoutez quelques glaçons et les lamelles de pomme. Dégustez bien frais.

MOCKTAIL *façon bellini*

POUR 1 VERRE
PRÉPARATION : 10 MIN

1 pêche (ou 1 nectarine)
1 cuillerée à soupe de sirop de pêche
eau gazeuse bien froide
glaçons

★★★

Astuce

En dehors de la belle saison, utilisez du nectar de pêche.

1. Pelez et dénoyautez la pêche. Réservez une lamelle pour le décor et mixez le reste avec le sirop et 2 glaçons. Filtrez et versez directement dans le verre.

2. Allongez d'eau gazeuse et décorez d'une lamelle de pêche. Dégustez.

MARGARITA *sans alcool*

POUR 1 VERRE
PRÉPARATION : 10 MIN

1 citron vert
1 cuillerée à soupe de sirop de citron vert
1 cuillerée à soupe d'eau de fleur d'oranger
limonade
1 cuillerée à café de sucre
1 cuillerée à café de sel
glace pilée

★★★

Astuce

Ajoutez un filet de sirop curaçao (Monin®) à la fin, pour donner une jolie touche bleutée au cocktail.

1. Frottez le pourtour du verre avec le citron vert coupé en deux. Mélangez le sel et le sucre dans une coupelle puis trempez-y le bord du verre. Réservez-le au réfrigérateur.

2. Râpez un peu de zeste de citron et pressez le jus. Dans un shaker, mettez un peu de glace pilée avec le jus de citron, l'eau de fleur d'oranger et le sirop de citron vert. Secouez énergiquement pendant 1 minute.

3. Versez la préparation avec la glace pilée dans le verre givré. Complétez avec de la limonade, parsemez de zeste de citron vert et dégustez sans attendre.

MOCKTAIL *façon pina colada*

POUR 1 VERRE
PRÉPARATION : 5 MIN

1 quartier d'ananas
15 cl de jus d'ananas
5 cl de crème de coco
1 cuillerée à soupe
de sirop de sucre de canne
glaçons

★★★

Astuce

Ce cocktail peut également se réaliser au blender, avec 3 tranches d'ananas à la place du jus.

1. Dans un shaker, versez la crème de coco, le jus d'ananas et le sirop. Ajoutez 3 glaçons et mélangez énergiquement pendant 1 minute.

2. Versez le cocktail dans un grand verre, avec les glaçons. Décorez le bord du verre d'un quartier d'ananas et dégustez sans attendre.

MOCKTAIL *aux litchis*

POUR 1 VERRE
PRÉPARATION : 5 MIN

1 litchi frais
(ou en conserve) pelé
10 cl de jus de litchi
1 cuillerée à café d'eau
de rose
1 cuillerée à soupe
de sirop de framboise
1 fleur comestible
(facultatif)
glaçons

★★★

Astuce

Vous pouvez servir ce cocktail dans un grand verre et compléter avec de la limonade ou de l'eau gazeuse.

1. Dans un shaker, versez le jus de litchi, le sirop de framboise, l'eau de rose et quelques glaçons.

2. Secouez énergiquement le shaker pendant 1 minute puis servez dans un verre à cocktail, sans les glaçons. Ajoutez un litchi frais, décorez d'une fleur et servez.

MOCKTAIL À LA CAROTTE, *mangue et gingembre*

POUR 1 VERRE
PRÉPARATION : 10 MIN

¼ de mangue
1 carotte
1 orange
1 cuillerée à soupe de miel
2 glaçons

★★★

Astuce

À défaut de carottes fraîches, vous pouvez utiliser du jus de carotte (bio de préférence).

1. Découpez 2 rondelles dans l'orange puis pressez-la pour en récupérer le jus. Épluchez la carotte et détaillez-la en bâtonnets. Pelez et coupez la mangue en dés.

2. Dans un blender, mixez la chair de mangue avec le jus d'orange, le miel, les glaçons et les carottes (sauf une cuillerée à café), jusqu'à obtenir une préparation onctueuse.

3. Versez le mélange dans un verre, ajoutez les carottes réservées et une rondelle d'orange. Décorez le bord du verre de la seconde rondelle d'orange.

MOCKTAIL À L'ANANAS, *citron et pomme*

POUR 1 PERSONNE
PRÉPARATION : 5 MIN

1 citron jaune
1 citron vert
10 cl de jus d'ananas
3 cl de sirop de pomme verte
eau gazeuse
glaçons

★★★

1. Pressez le jus d'un demi-citron vert et d'un demi-citron jaune. Détaillez les autres moitiés en quartiers ou en rondelles.

2. Dans un grand verre, mélangez le sirop de pomme verte avec le jus des citrons. Versez le jus d'ananas et mélangez à la cuillère.

3. Ajoutez les quartiers de citron et les glaçons. Complétez avec de l'eau gazeuse jusqu'au bord du verre et servez.

Astuce

Décorez le bord du verre d'un quartier de pomme verte.

MOCKTAIL *façon pink lady*

POUR 1 PERSONNE
PRÉPARATION : 5 MIN

15 cl de jus de goyave
2 cuillerées à soupe de jus de citron
2 cuillerées à soupe de sirop de grenadine
1 tasse à expresso de glace pilée

★★★

Astuce

Pour une version moins sucrée, remplacez le jus de goyave par du jus d'orange sanguine.

1. Dans un shaker, mélangez le jus de goyave, le jus de citron, le sirop et la glace pilée.

2. Secouez énergiquement le shaker puis versez le cocktail dans un grand verre et dégustez sans attendre.

MOCKTAIL *façon golden cadillac*

POUR 1 PERSONNE
PRÉPARATION : 5 MIN

3 cl de yaourt à boire saveur vanille
3 cl de sirop de chocolat blanc (Monin®)
3 cl de crème fraîche liquide
glace pilée

★★★

Astuce

Poudrez la surface du cocktail d'un peu de cacao amer.

1. Versez tous les ingrédients dans un blender. Mixez avec de la glace pilée.

2. Servez dans une coupe à champagne et dégustez immédiatement.

MOCKTAIL *façon téquila sunrise*

POUR 1 VERRE
PRÉPARATION : 5 MIN

12 cl de jus d'orange
2 cl de sirop saveur téquila (Monin®)
2 cl de sirop de grenadine
quelques rondelles de fruits pour décorer
glaçons

★★★

Astuce

Remplacez le jus d'orange par du nectar de mangue ou de fruit de la Passion.

1. Dans un grand verre, versez le sirop saveur téquila sur quelques glaçons. Complétez avec le jus d'orange et remuez.

2. Versez doucement le sirop de grenadine dans le verre pour que celui-ci tombe au fond. Donnez alors un petit coup de cuillère pour affiner le dégradé si nécessaire

3. Décorez de quelques rondelles de fruits et dégustez.

MOCKTAIL
façon jai alai

POUR 1 PERSONNE
PRÉPARATION : 10 MIN

½ citron non traité
1 brin de menthe
15 cl de cola
5 cl de sirop de gingembre (Monin®)
glaçons

★★★

Astuce

Pour une version sans bulles, ce cocktail peut se réaliser avec du thé noir à la place du cola.

1. Prélevez une belle bande de zeste dans le citron à l'aide d'un économe. Pressez le jus. Coupez l'extrémité du brin de menthe, effeuillez-le.

2. Dans un grand verre, mélangez les feuilles de menthe avec le sirop de gingembre, le jus de citron et le zeste.

3. Ajoutez quelques glaçons et complétez jusqu'au bord avec le cola. Décorez d'un brin de menthe et servez.

MOCKTAIL *façon cherry ale*

POUR 1 PERSONNE
PRÉPARATION : 5 MIN

3 cl de sirop de cerise
1 cuillerée à soupe d'eau de rose
15 cl de soda au gingembre (Canada Dry® ou Schweppes®)
3 glaçons

★★★

Astuce

Ce joli cocktail aphrodisiaque est idéal pour le soir de la Saint-Valentin ou une soirée en amoureux.

1. Dans un grand verre, mélangez à la cuillère l'eau de rose et le soda au gingembre.

2. Ajoutez les glaçons, versez doucement le sirop de cerise et dégustez.

MOCKTAIL
aux groseilles

POUR 1 VERRE
PRÉPARATION : 10 MIN

30 g de groseilles fraîches
+ 1 grappe pour le décor
20 cl de jus d'orange
2 cuillerées à soupe
de sirop de fruits rouges
1 cuillerée à soupe de jus
de citron
glaçons

★★★

Astuce

Vous pouvez réaliser ce cocktail avec tous les petits fruits rouges : framboises, fraises, cassis, mûres…

1. Mixez les groseilles avec le jus de citron et passez la préparation au tamis pour retirer les pépins.

2. Dans un blender, versez le jus d'orange puis le sirop de fruits rouges. Ajoutez le mélange groseilles-citron et 3 glaçons. Mixez jusqu'à obtenir une préparation homogène.

3. Versez dans un verre, ajoutez une grappe de groseilles sur le bord du verre et dégustez à la paille.

MOCKTAIL *façon moscow mule*

POUR 1 VERRE
PRÉPARATION : 5 MIN

½ citron vert
1 rondelle de concombre
20 cl de soda au gingembre (Canada Dry® ou Schweppes®)
glaçons

★★★

1. Râpez finement un peu de zeste du citron vert et pressez son jus au-dessus d'un grand verre rempli de glaçons.

2. Remplissez le reste du verre avec le soda. Remuez à l'aide d'une longue cuillère pendant 10 secondes. Ajoutez la rondelle de concombre et servez sans tarder.

Astuce

Pour ceux qui apprécient l'amertume, ce cocktail peut aussi se réaliser avec du jus de pamplemousse.

MOCKTAIL
citron vert-coco

POUR 1 VERRE
PRÉPARATION : 10 MIN

1 citron vert
2 cuillerées à soupe
de sirop de coco
20 cl de soda
au citron vert
glaçons

★★★

Astuce

Ajoutez une cuillerée à café de noix de coco râpée ou quelques copeaux de noix de coco fraîche.

1. Pressez le citron vert. Directement dans un verre, mélangez à la cuillère le jus de citron et le sirop de coco.

2. Allongez de soda et ajoutez quelques glaçons. Dégustez sans attendre.

MOCKTAIL
rose

POUR 1 VERRE
PRÉPARATION : 5 MIN

30 g de framboises fraîches
½ citron vert
1 brin de menthe
10 cl de jus de pomme
10 cl de jus de cranberry
glaçons

★★★

1. Coupez une rondelle dans le citron vert et réservez-la puis pressez le reste du citron.

2. Dans un blender, versez les jus de pomme, de cranberry et de citron vert. Ajoutez les framboises, mixez.

3. Filtrez la préparation au-dessus d'un verre. Ajoutez une poignée de glaçons. Décorez de la rondelle de citron réservée et d'un brin de menthe. Dégustez sans attendre.

Astuce

Pour une version plus acidulée de ce cocktail, remplacez le jus de pomme par une demi-pomme verte, pelée et épépinée.

MOCKTAIL FAÇON *agua de valencia*

POUR 1 VERRE
PRÉPARATION : 10 MIN

1 orange
1 cuillerée à soupe de sirop de sucre de canne
1 cuillerée à soupe d'eau de fleur d'oranger
20 cl de limonade

★★★

Astuce

Remplacez la limonade par du Schweppes® ou du champagne sans alcool.

1. Coupez l'orange en deux. Prélevez-en une fine tranche. Pressez le jus du reste de l'orange.

2. Directement dans un grand verre, mélangez le jus pressé, le sirop et l'eau de fleur d'oranger. Allongez de limonade bien fraîche et décorez le bord du verre de la lamelle d'orange. Dégustez.

MOCKTAIL
citron vert-ananas

POUR 1 VERRE
PRÉPARATION : 10 MIN

1 citron vert
20 cl de jus d'ananas
2 cuillerées à soupe de sirop de coco (Monin®)
1 tasse à expresso de glace pilée

★★★

Astuce

Ajoutez quelques feuilles de menthe fraîche dans le blender.

1. Râpez le zeste du citron et pressez son jus. Versez-les dans un blender, ajoutez le jus d'ananas, le sirop et la glace pilée.

2. Mixez jusqu'à obtenir une préparation mousseuse. Versez dans un grand verre et dégustez.

CAÏPIRINHA
sans alcool

POUR 1 VERRE
PRÉPARATION : 10 MIN

2 citrons verts non traités
3 cl de sirop de menthe glaciale
10 cl d'eau pétillante
1 cuillerée à soupe de sucre de canne
glaçons

★★★

Astuce

Pour une petite touche exotique, remplacez le sirop de menthe glaciale par du sirop banane-kiwi.

1. Pilez quelques glaçons. Lavez un citron vert et découpez-le en quartiers. Pressez le jus du second citron.

2. Dans un shaker, mélangez énergiquement la menthe glaciale, le jus de citron vert, le sucre et la glace pilée.

3. Placez les quartiers de citron dans le verre.
4. Versez le cocktail, allongez d'eau gazeuse et remplissez de glaçons. Mélangez à l'aide d'un agitateur et servez.

TONIC AU PAMPLEMOUSSE, *fruits rouges et violette*

POUR 1 VERRE
PRÉPARATION : 10 MIN

5 cl de jus de pamplemousse
3 cl de sirop de violette
10 cl de Schweppes®
1 petite cuillerée à café de confiture de fruits rouges
pétales de violettes comestibles
glaçons

★★★

Astuce

Ajoutez dans le verre un zeste de citron finement râpé.

1. Versez le sirop de violette et le jus de pamplemousse dans un verre. Mélangez. Recouvrez de Schweppes®. Ajoutez des glaçons.

2. Décorez de quelques pétales de violettes. Servez ce cocktail accompagné d'une petite cuillerée à café de confiture, posée sur le rebord du verre. Mélangez juste avant de déguster.

MOCKTAIL FAÇON *margarita aux fraises*

POUR 1 VERRE
PRÉPARATION : 10 MIN

1 citron vert
6 fraises
10 cl de jus d'orange
1 cuillerée à soupe de sirop de fraise
1 cuillerée à soupe de sucre en poudre
glaçons

★★★

Astuce

Vous pouvez ajouter quelques feuilles de basilic frais dans le blender.

1. Lavez et équeutez les fraises. Pressez le jus du citron vert. Humectez le bord du verre d'un peu de jus de citron. Retournez-le sur une coupelle contenant le sucre en poudre pour givrer le bord. Mettez le verre au réfrigérateur.

2. Dans un blender, versez le jus d'orange, le sirop et le jus de citron vert. Ajoutez les fraises et 3 glaçons. Mixez jusqu'à obtenir une consistance homogène.

3. Versez dans le verre givré et dégustez sans attendre.

MOCKTAIL À LA POMME
et au citron vert

POUR 1 VERRE
PRÉPARATION : 10 MIN

½ pomme Granny Smith
20 cl de jus de pomme
1 citron vert
1 cuillerée à soupe de sirop de fraise
glaçons

★★★

Astuce

Vous pouvez ajouter des billes de melon, des fraises ou des framboises dans votre cocktail.

1. Lavez le citron vert et prélevez un fin quartier. Pressez le jus du reste du citron. Épluchez la pomme, retirez le cœur et les pépins, prélevez 3 boules à l'aide d'une cuillère parisienne, citronnez-les.

2. Dans un shaker, versez le jus de pomme, le jus de citron et le sirop de fraise. Ajoutez quelques glaçons et remuez énergiquement pendant 1 minute.

3. Versez le cocktail dans une coupe, sans les glaçons. Ajoutez les billes de pomme et décorez le bord du verre d'un quartier de citron. Dégustez sans attendre.

SPICY *tonic*

POUR 1 VERRE
PRÉPARATION : 10 MIN

1 citron jaune (non traité ou bio)
1 cuillerée à café de mélange 5 baies
1 petit morceau de cannelle
1 cuillerée à soupe de sirop d'orgeat
20 cl de tonic (Schweppes®)
glaçons

★★★

1. Coupez le citron en deux, réservez une fine rondelle et pressez le jus du reste du citron.

2. Dans un shaker, mélangez le jus de citron, le sirop et les épices. Ajoutez 3 glaçons et secouez énergiquement pendant 1 minute.

3. Filtrez la préparation au-dessus d'un verre. Allongez de tonic et décorez de la rondelle de citron.

Astuce

Les combinaisons d'épices sont infinies : cardamome, anis étoilé, vanille, genièvre… Si les épices sont grosses, vous pouvez les concasser dans un mortier avant de les mettre dans le shaker.

MOCKTAIL AU DARJEELING, *gingembre et citron vert*

POUR 1 VERRE
PRÉPARATION : 15 MIN
MACÉRATION : 2 H
CUISSON : 5 MIN

1 sachet de thé darjeeling
1 citron vert
1 cm de racine de gingembre
2 morceaux de sucre
1 cuillerée à soupe de sucre en poudre

★★★

Astuce

Pour varier les saveurs, remplacez le darjeeling par le thé parfumé de votre choix.

1. Portez 25 cl d'eau à ébullition. Plongez-y le sachet de thé et laissez infuser 5 minutes. Retirez le sachet. Laissez le thé refroidir complètement.

2. Prélevez le zeste sur la moitié du citron vert, réservez une rondelle pour le décor puis pressez le jus. Pelez le gingembre et râpez-le avec une grosse râpe.

3. Mélangez le thé refroidi, le jus de citron, le sucre en morceaux et le gingembre dans une carafe. Placez au frais pendant 1 heure.

4. Filtrez le thé au gingembre. Ajoutez le zeste de citron vert. Mélangez bien et remettez au frais pendant 1 heure.

5. Humectez le bord d'un verre et passez-le dans le sucre en poudre. Versez le cocktail dans le verre, décorez d'une rondelle de citron et servez très frais.

PUNCH D'ÉTÉ
sans alcool

POUR 1 VERRE
PRÉPARATION : 10 MIN
MACÉRATION : 1 H

1 tranche d'ananas
1 fruit de la passion
1 citron vert
10 cl de jus d'ananas
10 cl de jus de fruit de la passion
1 cuillerée à soupe de sirop de sucre de canne

★★★

Astuce

N'hésitez pas à mélanger les jus de fruits exotiques : ananas, mangue, litchi, passion, goyave... Vous pouvez également ajouter une gousse de vanille fendue en deux.

1. Sur la moitié du citron vert, prélevez le zeste et pressez le jus. Coupez l'autre moitié en rondelles fines. Coupez l'ananas en petits morceaux. Prélevez la pulpe du fruit de la passion avec une petite cuillère.

2. Dans un pichet, mélangez les jus d'ananas et de fruit de la passion. Ajoutez tous les fruits, le jus, le zeste et les rondelles de citron ainsi que le sirop. Mélangez et laissez mariner au moins 1 heure au frais.

3. Servez le cocktail dans un verre avec ses fruits et quelques glaçons puis dégustez.

SANGRIA BLANCHE *sans alcool*

POUR 1 VERRE
PRÉPARATION : 10 MIN

⅙ de melon jaune
⅙ de melon vert
1 petit morceau de pastèque
1 brin de menthe
1 cuillerée à soupe de sirop saveur rhum
1 cuillerée à soupe de sirop de sucre de canne
20 cl d'eau gazeuse
glaçons

★★★

Astuce

Choisissez une eau gazeuse déjà aromatisée au citron, au citron vert ou à la menthe.

1. Épépinez les melons et la pastèque. À l'aide d'une cuillère parisienne, détaillez-les en petites billes. Réservez-les au frais. Lavez, séchez et effeuillez la menthe.

2. Versez le sirop de canne et le sirop de rhum dans le fond d'un grand verre. Ajoutez l'eau gazeuse, les billes de fruits, la menthe et quelques glaçons. Mélangez et dégustez bien frais.

SANGRIA *sans alcool*

POUR 1 VERRE
PRÉPARATION : 10 MIN
RÉFRIGÉRATION : 1 H

¼ d'orange (non traitée ou bio)
½ pomme
1 citron (non traité ou bio)
5 fraises
10 cl de jus de pomme
10 cl de soda au cola

★★★

Astuce

Remplacez le cola par de la limonade, ou par un soda au gingembre.

1. Lavez tous les fruits. Coupez l'orange en quartiers. Coupez le citron en deux, pressez une moitié et coupez l'autre en quartiers. Équeutez les fraises, coupez-les en rondelles. Épluchez la pomme, retirez le cœur et les pépins, coupez-la en quartiers.

2. Dans un pichet, mélangez tous les fruits avec le jus de citron et le jus de pomme. Réservez au moins 1 heure au frais.

3. Au moment de servir, ajoutez le cola et mélangez à la cuillère. Versez la sangria dans un grand verre et dégustez.

SMOOTHIES
et jus

SMOOTHIE *fraise-banane*

POUR 1 VERRE
PRÉPARATION : 10 MIN

30 g de fraises
+ quelques-unes pour le décor
½ banane
15 cl de jus d'orange
1 cuillerée à soupe de jus de citron
1 cuillerée à soupe de sucre
glaçons

1. Pelez la banane et coupez-la en rondelles ; citronnez-les. Lavez et équeutez les fraises.

2. Dans un blender, versez le jus d'orange, puis les fruits et le sucre. Ajoutez 3 glaçons et mixez jusqu'à obtenir une préparation épaisse et homogène.

3. Versez dans un verre, ajoutez les fraises réservées coupées en morceaux et dégustez à la paille.

Sugar
Suiker
SUCRE
Zucchero
Zucker
Azúcar
PYREX®
500g
400g
300g
200g
100g

SMOOTHIE *mûre-noix de coco*

POUR 1 VERRE
PRÉPARATION : 10 MIN

50 g de mûres fraîches ou surgelées
¼ de banane
½ yaourt à la grecque
10 cl de lait de coco
1 cuillerée à soupe de copeaux de noix de coco grillés
1 cuillerée à soupe de sucre en poudre
glaçons

★★★

Astuce

Remplacez le sucre en poudre par la même quantité de sirop de violette.

1. Dans le bol du blender, déposez les mûres, le lait de coco, le sucre et le yaourt puis commencez à mixer.

2. Ajoutez la banane et 3 glaçons ; mixez jusqu'à obtenir une préparation onctueuse. Si nécessaire, passez la préparation au tamis pour ôter les pépins.

3. Versez le smoothie dans un grand verre ou dans une petite bouteille, décorez de copeaux de noix de coco et dégustez avec une paille.

SMOOTHIE *à la pastèque*

POUR 1 VERRE
PRÉPARATION : 5 MIN

50 g de pastèque
20 g de framboises
½ citron vert
¼ d'orange
2 feuilles de menthe
glaçons

★★★

Astuce
Ajoutez quelques framboises entières dans le verre juste avant de déguster.

1. Coupez la pastèque en morceaux. Coupez le citron et l'orange en fines rondelles. Lavez et séchez la menthe.

2. Mettez les morceaux de pastèque, les framboises et quelques glaçons dans un blender. Mixez à puissance maximale jusqu'à obtention d'une boisson mousseuse.

3. Versez le smoothie dans un verre. Décorez de rondelles d'agrumes et de feuilles de menthe. Servez immédiatement.

SMOOTHIE aux airelles

POUR 1 VERRE
PRÉPARATION : 10 MIN

30 g d'airelles (surgelées)
1 orange
1 cuillerée à soupe de sirop d'agave
glaçons

★★★

Astuce

Pour une version givrée de ce smoothie, utilisez des airelles encore congelées.

1. Pressez le jus de l'orange. Laissez décongeler les airelles, mettez-en quelques-unes de côté pour le décor.

2. Rassemblez tous les ingrédients dans un blender, ajoutez 2 glaçons. Mixez jusqu'à obtenir un mélange homogène. Versez dans un verre et réservez au frais jusqu'au moment de servir.

3. Décorez au dernier moment des airelles réservées.

SMOOTHIE
à la pêche

POUR 1 VERRE
PRÉPARATION : 5 MIN

1 grosse pêche jaune
1 cuillerée à soupe de jus de citron
10 cl d'eau froide
1 cuillerée à soupe de sucre en poudre
2 glaçons

★★★

Astuce

Pour qu'il conserve toutes ses vitamines, ce smoothie doit être dégusté immédiatement.

1. Épluchez la pêche et retirez le noyau. Détaillez-la en gros morceaux.

2. Réunissez tous les ingrédients dans le bol d'un mixeur. Mixez à vitesse rapide jusqu'à obtenir une consistance homogène.

3. Versez dans un grand verre et dégustez rapidement.

SMOOTHIE
à la mangue

POUR 1 VERRE
PRÉPARATION : 10 MIN

½ mangue
½ yaourt brassé
10 cl de jus de pomme
2 glaçons

★★★

Astuce

Pour une jolie touche déco, découpez la lamelle de mangue avec un emporte-pièce.

1. Épluchez la mangue et coupez-la en petits morceaux. Mettez de côté une lamelle pour le décor.

2. Placez les morceaux de mangue, le jus de pomme et le yaourt dans le blender, mixez.

3. Ajoutez les glaçons et mixez à nouveau.

4. Versez dans un verre puis décorez le bord de la lamelle de mangue réservée et servez rapidement.

SMOOTHIE
au concombre

POUR 1 VERRE
PRÉPARATION : 10 MIN

½ concombre
1 kiwi
1 cuillerée à soupe de jus de citron
1 cuillerée à soupe de sucre
glaçons

★★★

Astuce

Si la préparation vous semble trop épaisse, allongez-la d'un peu de jus de pomme ou de jus d'orange.

1. Épluchez le kiwi et coupez-le en dés. Épluchez le concombre, coupez-le en deux, retirez les graines à l'aide d'une petite cuillère, puis détaillez-le en dés.

2. Dans un blender, versez les morceaux de kiwi et de concombre avec le sucre et le jus de citron. Ajoutez 3 glaçons et mixez jusqu'à obtenir une préparation épaisse et homogène.

3. Versez dans un verre et dégustez.

SMOOTHIE pamplemousse-betterave

POUR 1 VERRE
PRÉPARATION : 10 MIN

½ betterave rouge cuite (50 g environ)
½ cuillerée à café de gingembre frais râpé
10 cl de jus de pamplemousse
1 cuillerée à soupe de sirop d'agave
1 cuillerée à café de pollen de fleurs (magasins bio)

★★★

Astuce

Pour une dégustation immédiate, pensez à mettre tous les ingrédients au frais avant la préparation, sinon ajoutez des glaçons dans le blender.

1. Mixez dans un blender la betterave épluchée et coupée en gros morceaux avec le jus de pamplemousse et le gingembre râpé. Ajoutez le sirop d'agave, mixez de nouveau.

2. Versez le smoothie dans un verre et mettez-le au frais jusqu'au moment de le servir.

3. Au dernier moment, parsemez de pollen de fleurs.

SMOOTHIE AU LAIT D'AMANDE *et à la pomme*

POUR 1 VERRE
PRÉPARATION : 10 MIN

½ pomme
1 clémentine
15 cl de lait d'amande
1 cuillerée à soupe de sucre en poudre
glaçons

★★★

Astuce

Vous pouvez décorer le bord du verre d'une lamelle de pomme.

1. Épluchez la pomme, retirez le cœur et les pépins. Coupez la clémentine en deux et pressez son jus.

2. Dans un blender ou un mixeur, versez la pomme et le jus de clémentine, le sucre, le lait d'amande et 2 glaçons. Mixez jusqu'à obtenir une préparation homogène.

3. Dégustez sans attendre.

SMOOTHIE POMME, CAROTTE *et myrtille en coque de golden*

POUR 1 VERRE
PRÉPARATION : 10 MIN

1 pomme golden
1 carotte
30 g de myrtilles
le jus de ½ citron
½ yaourt type bulgare

★★★

Astuce

Utilisez une cuillère à pomme parisienne pour évider le fruit sans le percer.

1. Coupez un chapeau sur la pomme et évidez-la soigneusement, sans percer la peau.

2. Placez la chair dans un blender et versez le jus de citron.

3. Pelez la carotte et coupez-la en tout petits dés. Ajoutez-les dans le blender ainsi que les myrtilles et le yaourt. Mixez jusqu'à l'obtention d'une texture fine.

4. Filtrez la préparation et versez-la dans la coque de pomme. Servez aussitôt avec une paille.

SMOOTHIE
céleri-concombre

POUR 1 VERRE
PRÉPARATION : 10 MIN

½ pomme Granny Smith
¼ de concombre
1 branche de céleri
½ citron
2 glaçons

★★★

Astuce

Vous pouvez enrichir ce smoothie de quelques brins d'herbes fraîches : persil, basilic, coriandre...

1. Épluchez la pomme, coupez-la en quartiers, ôtez le cœur et les pépins. Épluchez le concombre, ouvrez-le en deux et retirez les graines à l'aide d'une petite cuillère. Rincez et effilez le céleri ; réservez quelques feuilles pour le décor. Coupez tous ces ingrédients en morceaux et pressez le citron.

2. Mettez les ingrédients dans le blender et mixez jusqu'à l'obtention d'une consistance lisse.

3. Versez dans un grand verre, décorez de feuilles de céleri et dégustez.

SMOOTHIE AUX FRAISES
et lait d'amande

POUR 1 VERRE
PRÉPARATION : 5 MIN

50 g de fraises
15 cl de lait d'amande
1 cuillerée à soupe de sirop de fraise
1 cuillerée à soupe de jus de citron
2 glaçons

★★★

Astuce

Pour une petite touche régressive, utilisez du sirop « fraise bonbon » (Monin®).

1. Lavez puis équeutez les fraises.
2. Mélangez tous les éléments dans un blender. Mixez jusqu'à obtenir une préparation homogène.
3. Versez dans un grand verre et servez.

SMOOTHIE
pêche-abricot

POUR 1 VERRE
PRÉPARATION : 10 MIN

1 pêche blanche
1 abricot bien mûr
1 feuille de menthe
1 cuillerée à soupe de jus de citron
1 cuillerée à soupe de sucre
glaçons

★★★

Astuce

Vous pouvez relever ce délicieux smoothie avec quelques gouttes d'arôme d'amande amère ou de menthe poivrée.

1. Lavez l'abricot, dénoyautez-le et coupez-le en morceaux. Coupez la pêche en deux, retirez le noyau, pelez-la et coupez-la en morceaux.

2. Dans un blender, mettez les fruits avec le sucre et le jus de citron. Ajoutez 3 glaçons et mixez jusqu'à obtenir une préparation épaisse et homogène.

3. Versez dans un verre, décorez d'une feuille de menthe et dégustez.

SMOOTHIE framboise-verveine

POUR 1 VERRE
PRÉPARATION : 10 MIN
INFUSION : 15 MIN
CUISSON : 5 MIN

50 g de framboises fraîches
1 boule de glace au yaourt
1 brin de verveine fraîche
10 cl de lait entier
1 cuillerée à soupe de sucre en poudre

★★★

Astuce

La verveine peut être remplacée par du tilleul ou de la mélisse.

1. Portez le lait à frémissements. Faites-y infuser les feuilles de verveine pendant 15 minutes hors du feu. Laissez refroidir, filtrez puis réservez au frais dans un saladier.

2. Dans le bol du mixeur, déposez les framboises et le sucre en poudre. Ajoutez la glace au yaourt et commencez à mixer.

3. Versez en filet le lait à la verveine et mixez jusqu'à obtention d'une texture mousseuse. Versez dans un verre et servez aussitôt.

SMOOTHIE
kiwi-citron

POUR 1 VERRE
PRÉPARATION : 10 MIN

2 kiwis
15 cl de nectar de pomme
1 feuille de menthe
1 cuillerée à soupe
de sirop d'agave
glaçons

★★★

Astuce

Vous pouvez remplacer un des kiwis par une demi-pomme Granny Smith.

1. Pelez les kiwis. Coupez-les en morceaux et placez-les dans le bol du blender.

2. Arrosez-les de nectar de pomme et de sirop d'agave puis mixez avec des glaçons jusqu'à obtention d'un smoothie homogène. Si besoin, passez la préparation au chinois ou au tamis.

3. Versez le smoothie au kiwi dans un grand verre, décorez d'une feuille de menthe et servez aussitôt.

SMOOTHIE banane-céréales

POUR 1 VERRE
PRÉPARATION : 10 MIN

½ banane
15 cl de lait de soja
10 cl de jus d'orange
1 cuillerée à café de crème épaisse
1 pincée de cannelle moulue
2 cuillerées à soupe de céréales au miel
1 cuillerée à café de miel

★★★

Astuce

Remplacez les céréales au miel par des céréales au chocolat.

1. Placez un grand verre au congélateur. Épluchez la banane puis coupez-la en rondelles.

2. Dans le bol du blender, déposez les rondelles de banane et le lait de soja. Commencez à mixer. Versez le jus d'orange, ajoutez les céréales et une pincée de cannelle moulue ; mixez à nouveau.

3. Versez la préparation dans le verre rafraîchi. Décorez d'une cuillerée de crème, versez le miel et servez aussitôt.

SMOOTHIE *fraise-pastèque*

POUR 1 VERRE
PRÉPARATION : 10 MIN

50 g de fraises
30 g de pastèque épépinée
15 cl de lait écrémé bien froid
1 brin de menthe
1 cuillerée à soupe de sucre en poudre
2 glaçons

★★★

Astuce

Décorez le bord du verre avec une fraise entière.

1. Lavez les fraises puis équeutez-les. Placez-les dans le bol du blender. Coupez le morceau de pastèque en cubes, déposez-les avec les fraises dans le blender.

2. Versez le lait, le sucre et les glaçons puis mixez jusqu'à obtention d'une préparation homogène et mousseuse.

3. Versez le smoothie dans un verre et décorez de feuilles de menthe. Servez aussitôt.

SMOOTHIE potiron-pistaches

POUR 1 VERRE
PRÉPARATION : 10 MIN
CUISSON : 15 MIN

50 g de potiron épluché
15 cl de jus d'orange
10 cl de crème liquide
1 cuillerée à soupe de pistaches mondées non salées
1 cuillerée à soupe de sucre + 1 cuillerée à café
3 glaçons

★★★

Astuce

Pour une version « vegan », remplacez la crème liquide par de la crème de soja ou de la crème d'avoine.

1. Faites cuire le potiron coupé en morceaux à la vapeur, jusqu'à ce qu'il soit bien tendre. Laissez refroidir.
2. Versez le jus d'orange dans un blender. Ajoutez le potiron, la cuillerée à soupe de sucre et 3 glaçons. Mixez jusqu'à obtenir une préparation homogène. Versez dans un verre.
3. Dans le blender, versez la crème puis ajoutez la cuillerée à café de sucre et les pistaches. Mixez jusqu'à obtenir une préparation mousseuse. Versez dans le verre et dégustez sans attendre.

SMOOTHIE à la betterave

POUR 1 VERRE
PRÉPARATION : 10 MIN

100 g de betteraves cuites
15 cl de jus de tomate
1 petit brin de menthe
1 cuillerée à soupe de vinaigre balsamique
sel, poivre
glaçons

★★★

Astuce

Essayez ce cocktail en version aigre-douce, en ajoutant quelques framboises fraîches et en remplaçant le sel et le poivre par une cuillerée à soupe de sirop de framboise.

1. Épluchez les betteraves et coupez-les en morceaux. Lavez et effeuillez la menthe.

2. Versez le jus de tomate dans un blender, ajoutez les betteraves, le vinaigre, la menthe (sauf quelques feuilles), un peu de sel et de poivre et 3 glaçons.

3. Mixez le tout jusqu'à obtenir un mélange homogène. Versez dans un grand verre, décorez de feuilles de menthe et dégustez.

SMOOTHIE *framboise-ananas*

POUR 1 VERRE
PRÉPARATION : 10 MIN

⅛ d'ananas frais
30 g de framboises fraîches + quelques-unes pour le décor
20 cl de jus d'orange
1 cuillerée à soupe de jus de citron
1 cuillerée à soupe de sucre
glaçons

★★★

Astuce

Parfumez ce smoothie avec une cuillerée à soupe d'eau de rose.

1. Épluchez l'ananas, retirez le cœur fibreux et coupez la chair en morceaux.

2. Dans un blender, versez les jus d'orange et de citron, le sucre puis les framboises et l'ananas. Ajoutez 3 glaçons et mixez jusqu'à obtenir une préparation homogène.

3. Versez dans un grand verre, décorez de quelques framboises entières et dégustez.

SMOOTHIE POMME-CÉLERI *au miel*

POUR 1 VERRE
PRÉPARATION : 10 MIN

1 pomme Granny Smith
1 branche de céleri
1 cuillerée à soupe de jus de citron
1 cuillerée à soupe de miel
glaçons

★★★

Astuce

Pour un smoothie encore plus vitaminé, ajoutez un kiwi dans la préparation.

1. Lavez la pomme puis retirez le cœur et les pépins mais ne la pelez pas. Lavez et effilez le céleri ; coupez-le en tronçons.

2. Dans un blender, mixez la pomme et le céleri avec le miel, le jus de citron et 3 glaçons, jusqu'à obtenir une consistance homogène.

3. Versez dans un verre et dégustez sans attendre.

SMOOTHIE AU LAIT RIBOT *et aux mûres*

POUR 1 VERRE
PRÉPARATION : 5 MIN

50 g de mûres surgelées (ou congelées par vos soins)
15 cl de lait ribot
1 cuillerée à soupe de sucre

★★★

Astuce

Le lait ribot est un lait fermenté d'origine bretonne, peu calorique. Vous pouvez le remplacer par un yaourt velouté ou un yaourt à boire nature.

1. Dans un blender, versez le lait ribot, puis ajoutez le sucre et les mûres encore congelées.

2. Mixez jusqu'à obtenir une préparation épaisse et homogène. Filtrez-la si vous souhaitez retirer les pépins.

3. Versez dans un verre et dégustez sans attendre.

SMOOTHIE au melon

POUR 1 VERRE
PRÉPARATION : 10 MIN

¼ de melon charentais
1 cuillerée à soupe de jus de citron
1 cuillerée à soupe de sucre
glaçons

★★★

Astuce

Vous pouvez réaliser une version glacée en réservant les morceaux de melon 1 heure au congélateur avant de réaliser le smoothie. Dans ce cas, ne mettez pas de glaçons.

1. Retirez les pépins du melon et pelez-le. Coupez-le en dés.
2. Dans un blender, mélangez les morceaux de melon, le sucre et le jus de citron. Ajoutez 3 glaçons et mixez jusqu'à obtenir une consistance épaisse et homogène.
3. Versez dans un verre et dégustez.

SMOOTHIE aux fruits rouges

POUR 1 VERRE
PRÉPARATION : 5 MIN

50 g de fruits rouges (frais ou surgelés)
1 cuillerée à soupe de jus de citron
10 cl d'eau froide
1 cuillerée à soupe de sucre en poudre
2 glaçons

★★★

1. Rincez les fruits rouges frais, ou laissez décongeler dans une passoire les fruits rouges surgelés.

2. Réunissez tous les ingrédients dans le bol d'un mixeur. Mixez à vitesse rapide jusqu'à obtenir une consistance homogène.

3. Filtrez la préparation, versez dans un grand verre et dégustez rapidement.

Astuce

Pour une version givrée de ce smoothie, utilisez des fruits rouges encore congelés et supprimez les glaçons.

SMOOTHIE
aux tomates cerises

POUR 1 VERRE
PRÉPARATION : 10 MIN

50 g de tomates cerises
15 cl de yaourt nature
sel, poivre

Brochette :
2 tomates cerises
3 feuilles de roquette

★★★

Astuce

Si vous souhaitez donner un peu de peps à votre smoothie, ajoutez quelques gouttes de Tabasco®.

1. Préparez la brochette : lavez et séchez les tomates cerises et la roquette. Alternez sur un pique en bois les feuilles de roquette avec les tomates. Réservez.

2. Portez à ébullition une casserole d'eau, plongez-y les tomates 1 minute. Rafraîchissez-les, pelez-les, épépinez-les et coupez-les en tout petits morceaux. Mettez-les dans un blender, ajoutez le yaourt, salez et poivrez. Mixez jusqu'à l'obtention d'une texture mousseuse.

3. Versez le smoothie dans un verre. Servez aussitôt avec la brochette de tomates et de roquette.

JUS carotte-pomme

POUR 1 VERRE
PRÉPARATION : 5 MIN

1 pomme
15 cl de jus de carotte
1 cuillerée à soupe de jus de citron
2 glaçons

★★★

Astuce

Ajoutez un peu de gingembre frais râpé dans le blender juste avant de mixer.

1. Épluchez la pomme, coupez-la en quartiers. Retirez le cœur et les pépins.

2. Dans un blender, réunissez tous les ingrédients. Mixez jusqu'à obtenir une préparation homogène.

3. Versez dans un verre et dégustez sans attendre.

JUS DE PASTÈQUE
à l'aneth

POUR 1 VERRE
PRÉPARATION : 10 MIN

1 belle tranche de pastèque
½ citron vert
1 tige d'aneth
1 cuillerée à soupe de sirop de sucre de canne
glaçons

1. Pelez et épépinez la pastèque. Lavez et séchez l'aneth, réservez quelques brins pour le décor. Pressez le jus du citron.

2. Dans un blender, mettez les morceaux de pastèque, le jus de citron, le sirop, l'aneth et 3 glaçons. Mixez jusqu'à obtenir une préparation homogène.

3. Versez le jus de pastèque dans une carafe, ajoutez les brins d'aneth réservés et dégustez immédiatement ou réservez au frais jusqu'au moment de servir.

JUS D'ANANAS, ORANGE, *gingembre et curry*

POUR 1 VERRE
PRÉPARATION : 10 MIN

½ tranche d'ananas (frais ou au sirop)
1 tranche d'orange
10 cl de jus d'orange
10 cl de jus d'ananas
1 pincée de curry en poudre
1 pincée de gingembre en poudre
glaçons

★★★

Astuce

Vous pouvez remplacer le gingembre en poudre par du sirop de gingembre.

1. Coupez l'ananas en tout petits dés. Coupez la tranche d'orange en quatre.

2. Directement dans un verre, mélangez les jus d'orange et d'ananas avec le curry et le gingembre. Ajoutez les dés d'ananas, les morceaux d'orange et quelques glaçons.

3. Mélangez à la cuillère et dégustez sans attendre.

JUS D'HIBISCUS *aux framboises*

POUR 1 VERRE
PRÉPARATION : 5 MIN
INFUSION : 2 H

6 framboises fraîches
1 rondelle de citron
1 cuillerée à soupe de sirop de sucre de canne
1 cuillerée à café de fleurs d'hibiscus séchées
glaçons

★★★

Astuce

Les fleurs d'hibiscus séchées se trouvent dans les magasins bio ou dans les épiceries exotiques.

1. Faites infuser les fleurs d'hibiscus dans 25 cl d'eau pendant 2 heures minimum.

2. Filtrez la préparation. Écrasez les framboises à la fourchette. Ajoutez-les à la préparation avec le sirop, mélangez. Réservez au frais.

3. Au moment de servir, filtrez le jus d'hibiscus au-dessus d'un verre. Ajoutez quelques glaçons et le citron coupé en quartiers. Dégustez.

Freshly
Squeezed
Juice
Freshly
Squeezed
Juice

★ MILK-SHAKES ★

MILK-SHAKE
mûre-figue

POUR 1 VERRE
PRÉPARATION : 10 MIN

30 g de mûres
1 figue mûre
½ citron vert
1 boule de glace à la vanille
10 cl de lait
1 cuillerée à soupe de céréales au miel

★★★

Astuce

Vous pouvez ajouter le zeste râpé du citron vert.

1. Épluchez la figue. Mixez-la avec les mûres et le jus du citron vert. Filtrez la préparation dans une passoire fine.

2. Mixez dans un blender le lait, la glace et la purée de fruits. Servez aussitôt dans un verre haut. Décorez de céréales concassées. Dégustez avec une paille.

PUR DE NORMANDIE
2 FOIS PAR JOUR
bon lait

MILK-SHAKE VANILLE, *caramel et chocolat*

POUR 1 VERRE
PRÉPARATION : 5 MIN

1 boule de glace vanille
1 boule de glace chocolat
25 cl de lait
2 cuillerées à soupe de coulis de caramel au beurre salé
1 cookie aux pépites de chocolat

★★★

Astuce

Remplacez la glace chocolat par de la glace menthe-chocolat et décorez le verre de feuilles de menthe fraîche.

1. Mixez le lait avec la glace à la vanille. Versez cette préparation dans un grand verre. Ajoutez le coulis de caramel et mélangez légèrement à la cuillère pour créer de belles volutes.

2. Ajoutez la glace au chocolat dans le verre puis un peu de cookie émietté. Dégustez sans attendre.

MILK-SHAKE
à la fraise

POUR 1 VERRE
PRÉPARATION : 10 MIN

50 g de fraises
+ 1 pour le décor
1 boule de glace vanille
10 cl de lait entier
bien froid
1 cuillerée à soupe
de jus de citron

★★★

Astuce

Pour un milk-shake « tout fraise », remplacez la glace vanille par du sorbet fraise.

1. Lavez, séchez et équeutez les fraises. Coupez-les en morceaux et déposez-les dans un blender. Ajoutez le jus de citron et mixez jusqu'à l'obtention d'une purée fine.

2. Ajoutez la glace vanille puis le lait et mixez à nouveau jusqu'à l'obtention d'une boisson épaisse et mousseuse.

3. Versez le milk-shake dans un verre haut, ajoutez une paille et décorez le bord du verre d'une petite fraise. Servez immédiatement.

MILK-SHAKE au citron vert

POUR 1 VERRE
PRÉPARATION : 10 MIN

¼ de citron vert
1 boule de glace au yaourt
1 boule de sorbet au citron vert
10 cl de lait demi-écrémé
quelques gouttes d'extrait de vanille

★★★

Astuce
Ajoutez à la préparation un peu de zeste de citron vert finement râpé.

1. Dans le bol d'un blender, mélangez les glaces, le lait et l'extrait de vanille.
2. Mixez jusqu'à ce que la préparation soit homogène.
3. Servez dans un grand verre. Décorez d'un quartier de citron vert.

MILK-SHAKE AU CHOCOLAT, *cerises et noix de coco*

POUR 1 VERRE
PRÉPARATION : 5 MIN

1 boule de glace au chocolat
1 boule de glace à la noix de coco
15 cl de lait de coco
1 cuillerée à soupe de cerises au sirop
quelques copeaux de noix de coco

★★★

Astuce

Vous pouvez ajouter une cuillerée à café de cacao amer en poudre pour renforcer le goût chocolaté.

1. Mettez les glaces, les cerises avec leur jus et le lait de coco dans un blender. Mixez jusqu'à obtenir une consistance épaisse et homogène.

2. Versez le milk-shake dans un grand verre. Décorez de copeaux de noix de coco et dégustez sans attendre.

MILK-SHAKE AUX FÈVES
et à la menthe

POUR 1 VERRE
PRÉPARATION : 20 MIN
REPOS : 1 H
CUISSON : 5 MIN

50 g de fèves pelées (surgelées)
20 g de fromage blanc
⅛ de tablette de bouillon de légumes
1 brin de menthe + 2 feuilles
½ feuille de gélatine (1 g)
sel

★★★

Astuce

En saison, remplacez les fèves surgelées par des fèves fraîches ou des petits pois.

1. Faites cuire les fèves pelées pendant 5 minutes à l'eau bouillante salée puis rafraîchissez-les sous un filet d'eau froide.

2. Diluez la tablette de bouillon de légumes dans 15 cl d'eau bouillante, effeuillez le brin de menthe et mettez les feuilles dans le bouillon. Retirez du feu et laissez infuser 10 minutes.

3. Faites tremper la gélatine dans un bol d'eau froide pendant 5 minutes, retirez les feuilles de menthe du bouillon, ajoutez la gélatine essorée, laissez tiédir. Versez un peu de ce bouillon dans un grand verre et répartissez un tiers des fèves dans le fond. Placez le verre et le reste du bouillon au réfrigérateur pour faire prendre la gelée.

4. Au moment de servir, mixez le fromage blanc avec le reste de fèves, 2 cuillerées à soupe de gelée et 2 glaçons. Versez dans le verre, décorez de menthe ciselée et servez.

MILK-SHAKE
à la poire

POUR 1 VERRE
PRÉPARATION : 10 MIN

1 poire bien mûre (variété Doyenné du Comice)
½ citron jaune
1 boule de glace à la vanille
10 cl de lait
5 cl de crème fleurette

★★★

Astuce

Ajoutez une pincée de cannelle ou quelques gouttes d'arôme d'amande amère.

1. Pressez le citron afin d'en recueillir le jus. Pelez la poire, retirez le cœur et les pépins. Coupez-la en morceaux et arrosez-les de jus de citron pour les empêcher de noircir.

2. Dans un blender, mixez la poire avec la crème, le lait et la glace jusqu'à ce que le mélange soit liquide et mousseux. Versez dans un verre et servez aussitôt. Dégustez avec une paille.

MILK-SHAKE AU CÉLERI, *ananas et gingembre*

POUR 1 VERRE
PRÉPARATION : 10 MIN

1/6 d'ananas frais
1 petite branche de céleri
1/2 cuillerée à café de gingembre frais râpé
10 cl de lait d'amande
1 cuillerée à soupe de sirop d'agave
glaçons

★★★

1. Épluchez l'ananas, retirez le cœur détaillez la chair en gros cubes. Effilez la branche de céleri, réservez quelques feuilles et taillez le reste en tronçons.

2. Dans un blender, mettez les morceaux de céleri et d'ananas, le gingembre, le sirop d'agave et le lait d'amande. Ajoutez quelques glaçons et mixez longuement.

3. Versez la préparation dans un verre haut. Décorez de feuilles de céleri et dégustez aussitôt.

Astuce

Remplacez la lait d'amande par du lait de noisette ou de châtaigne (magasins bio).

MILK-SHAKE
spécial petit déjeuner

POUR 1 VERRE
PRÉPARATION : 10 MIN

½ orange
½ banane
15 cl de lait de soja
1 cuillerée à soupe de flocons d'avoine
1 cuillerée à soupe de pollen de fleurs
1 cuillerée à soupe de miel
glaçons

★★★

Astuce

Tous les laits végétaux peuvent convenir à la réalisation de ce milk-shake : avoine, riz, amande, orge, noisette...

1. Pressez le jus de l'orange. Épluchez et coupez la banane en rondelles.

2. Mettez les fruits et tous les autres ingrédients dans un blender. Ajoutez les glaçons et mixez jusqu'à obtenir une préparation onctueuse.

3. Dégustez sans attendre.

MILK-SHAKE
aux fruits de la passion

POUR 1 VERRE
PRÉPARATION : 10 MIN

2 fruits de la passion
½ citron vert
1 boule de sorbet au fruit de la passion
15 cl de lait d'amande (ou de soja)
1 cuillerée à soupe de sucre

★★★

Astuce

Vous pouvez filtrer la préparation avant de la déguster.

1. Ouvrez les fruits de la passion et prélevez la pulpe à l'aide d'une petite cuillère. Pressez le jus du citron vert.

2. Dans un blender, mettez la pulpe de fruits de la passion (sauf 1 cuillerée à café), le jus de citron, le sorbet, le sucre et le lait. Mixez jusqu'à obtenir une préparation homogène.

3. Versez le milk-shake dans un verre, ajoutez la pulpe de fruits de la passion réservée sur le dessus et dégustez sans attendre.

MILK-SHAKE POTIRON, *amandes et cannelle*

POUR 1 VERRE
PRÉPARATION : 10 MIN
CUISSON : 15 MIN

50 g de potiron épluché
1 boule de glace à la vanille
15 cl de lait
1 pincée de cannelle
1 cuillerée à soupe d'amandes effilées

★★★

Astuce

À la place du potiron, de nombreuses autres variétés de courges peuvent convenir : courge musquée, courge Butternut, potimarron, giraumon, pâtisson...

1. Faites cuire le potiron coupé en morceaux à la vapeur, jusqu'à ce qu'il soit bien tendre. Laissez refroidir.

2. Dans un blender, versez le lait, ajoutez le potiron et la glace. Mixez jusqu'à obtenir une préparation épaisse et homogène.

3. Versez dans un verre, saupoudrez de cannelle et parsemez d'amandes effilées. Dégustez sans attendre.

MILK-SHAKE *pomme-caramel*

POUR 1 VERRE
PRÉPARATION : 10 MIN
CUISSON : 5 MIN

1 pomme
1 boule de glace vanille
10 cl de lait d'amande
1 cuillerée à café d'amandes effilées
5 g de beurre
1 cuillerée à soupe de sucre

★★★

1. Placez le lait d'amande au frais pour qu'il soit bien froid. Pelez, épépinez et coupez la pomme en cubes (réservez quelques lamelles pour le décor).
2. Faites chauffer le beurre dans une casserole, ajoutez les cubes de pomme et saupoudrez de sucre. Faites cuire à feu moyen pendant 5 minutes pour faire caraméliser la pomme.
3. Laissez refroidir.
4. Mixez la pomme cuite avec la glace et le lait d'amande. Versez dans un verre, décorez de lamelles de pomme et d'amandes effilées. Servez.

Astuce

Pour renforcer le goût, ajoutez quelques gouttes d'arôme d'amande amère.

MILK-SHAKE
à l'abricot

POUR 1 VERRE
PRÉPARATION : 10 MIN

2 abricots bien mûrs
½ citron jaune
1 boule de glace
à la vanille
10 cl de lait
5 cl de crème fleurette
quelques feuilles
de menthe

★★★

Astuce

Pour plus d'originalité, remplacez la glace à la vanille par une glace aux calissons ou pistache-fleur d'oranger (Picard®).

1. Pressez le citron afin d'en recueillir le jus. Ouvrez les abricots et retirez les noyaux. Coupez-les en morceaux et arrosez-les de jus de citron.

2. Dans un blender, mixez les abricots avec la crème, le lait et la glace jusqu'à ce que le mélange soit liquide et mousseux. Versez dans un verre, décorez de feuilles de menthe et servez aussitôt.

MILK-SHAKE
à la spiruline

POUR 1 VERRE
PRÉPARATION : 10 MIN

½ pomme
1 yaourt velouté
1 cuillerée à café de spiruline (en poudre)
1 cuillerée à soupe de sucre
glaçons

★★★

Astuce

La spiruline est un complément alimentaire naturel, particulièrement riche en vitamines et en acides aminés. On la trouve dans les magasins bio.

1. Épluchez la pomme, retirez le cœur et les pépins puis coupez-la en morceaux.

2. Dans un blender, versez la pomme, le yaourt, le sucre et la spiruline. Ajoutez quelques glaçons et mixez jusqu'à obtenir une consistance veloutée.

3. Versez dans un grand verre ou dans une petite bouteille et dégustez à la paille.

MILK-SHAKE au café

POUR 1 VERRE
PRÉPARATION : 5 MIN

2 boules de glace au café
15 cl de lait
chantilly en bombe
1 cuillerée à café de cacao amer
glaçons

★★★

Astuce

Ajoutez une pincée de cannelle ou un spéculoos émietté sur le dessus.

1. Mettez la glace et le lait dans un blender. Ajoutez 3 glaçons et mixez jusqu'à obtenir une consistance épaisse et homogène.

2. Versez dans un grand verre. Recouvrez de chantilly et saupoudrez de cacao amer. Dégustez à la paille sans attendre.

MILK-SHAKE
aux figues et aux amandes

POUR 1 VERRE
PRÉPARATION : 5 MIN

4 figues sèches
20 cl de lait d'amande
1 cuillerée à soupe d'amandes effilées
1 cuillerée à soupe de miel
glaçons

★★★

Astuce

Vous pouvez aussi réaliser ce milk-shake avec des pruneaux, des abricots secs ou des dattes.

1. Dans un blender, versez le lait, le miel ainsi que les figues lavées et épongées dans du papier absorbant. Ajoutez 3 glaçons et mixez jusqu'à obtenir une consistance épaisse et homogène.

2. Versez dans un grand verre. Ajoutez quelques amandes sur le dessus et dégustez sans attendre.

MILK-SHAKE *orange-vanille*

POUR 1 VERRE
PRÉPARATION : 10 MIN

1 orange
1 boule de glace vanille
15 cl de lait
1 cuillerée à soupe de lait concentré sucré
quelques gouttes d'extrait de vanille
2 glaçons

★★★

Astuce

Ajoutez un peu de zeste d'orange finement râpé sur la préparation au moment de déguster.

1. Pelez l'orange à vif et éliminez le plus possible de petites peaux blanches. Coupez-la en gros morceaux. Réservez un quartier pour le décor.

2. Placez les morceaux d'orange ainsi que tous les ingrédients restants dans le bol du blender et mixez jusqu'à obtenir une préparation bien homogène.

3. Filtrez et versez dans un verre, décorez du quartier d'orange réservé et dégustez immédiatement.

MILK-SHAKE AUX AMANDES, *cacao et vanille*

POUR 1 VERRE
PRÉPARATION : 10 MIN
RÉFRIGÉRATION : 30 MIN
CUISSON : 5 MIN

20 cl de lait entier
10 g de poudre d'amande
5 g de cacao en poudre
1 cuillerée à café d'amandes effilées
½ cuillerée à café d'extrait de vanille
1 pincée de quatre-épices
1 cuillerée à soupe de sucre roux
2 glaçons

★★★

1. Versez le lait dans une casserole. Ajoutez l'extrait de vanille et le sucre. Portez à ébullition en remuant. Retirez du feu. Ajoutez la poudre d'amande et couvrez.

2. Laissez refroidir complètement. Filtrez le lait et placez-le au réfrigérateur jusqu'à ce qu'il soit bien froid.

3. Versez le lait dans un blender. Faites tourner à puissance maximale avec le cacao et les glaçons. Versez dans un grand verre, parsemez d'amandes effilées, saupoudrez de quatre-épices et servez aussitôt.

Astuce

Remplacez le quatre-épices par un mélange spécial pain d'épices.

MILK-SHAKE AU QUINOA
et fruit du dragon

POUR 1 VERRE
PRÉPARATION : 10 MIN

¼ de fruit du dragon (pitaya)
½ banane
15 cl de lait de quinoa
1 cuillerée à soupe de sirop d'agave
glaçons

★★★

Astuce

Parsemez un peu de noix de coco râpée sur le dessus du milk-shake.

1. Épluchez le fruit du dragon et coupez sa chair en dés. Épluchez la banane et coupez-la en rondelles.

2. Dans un blender, versez le lait de quinoa, ajoutez les morceaux de fruit du dragon, le sirop d'agave et 3 glaçons. Mixez jusqu'à obtenir une préparation homogène.

3. Versez le milk-shake dans un verre, ajoutez les rondelles de banane et dégustez aussitôt.

MILK-SHAKE
à la pistache

POUR 1 VERRE
PRÉPARATION : 5 MIN

2 boules de glace à la pistache
15 cl de lait demi-écrémé
1 cuillerée à soupe de pistaches mondées non salées
chantilly en bombe

★★★

Astuce

Parsemez la crème chantilly de quelques pistaches concassées.

1. Dans un blender, mixez la glace à la pistache, les pistaches et le lait.

2. Versez le milk-shake dans un verre, recouvrez d'un nuage de chantilly et dégustez sans attendre.

MILK-SHAKE
à la tomate

POUR 1 VERRE
PRÉPARATION : 15 MIN
CUISSON : 10 MIN

2 petites tomates fraîches
3 petites tomates séchées
5 cl de jus d'orange
15 cl de lait entier
1 cuillerée à café de zestes d'orange
1 pincée de paprika
3 glaçons

★★★

Astuce

Vous pouvez passer la première préparation au tamis afin de retirer les peaux et les pépins des tomates.

1. Mixez les tomates fraîches avec 2 tomates séchées et le lait dans un blender jusqu'à obtenir une consistance lisse.

2. Ajoutez les glaçons, le jus d'orange et le paprika puis mixez à nouveau.

3. Versez le milk-shake dans un verre haut et décorez d'une tomate séchée ainsi que de quelques zestes d'orange. Dégustez à la paille.

MILK-SHAKE
au thé vert

POUR 1 VERRE
PRÉPARATION : 20 MIN
CONGÉLATION : 1 H
CUISSON : 10 MIN

5 g de thé matcha en poudre
1 jaune d'œuf
10 cl de lait
20 g de crème fraîche
20 g de sucre en poudre
glace pilée

★★★

Astuce

Pour gagner du temps, achetez une glace au thé vert toute prête (épiceries asiatiques).

1. Fouettez le jaune d'œuf et le sucre en poudre jusqu'à ce que le mélange blanchisse. Faites chauffer le lait. Quand il frémit, versez-en les trois quarts dans le mélange jaune-sucre en fouettant.

2. Transvasez ensuite le mélange dans une casserole et faites chauffer à feu doux en remuant avec une spatule jusqu'à épaississement. Versez la crème dans un saladier et laissez refroidir en remuant de temps en temps.

3. Mélangez le reste de lait avec le thé matcha puis versez le mélange dans la crème refroidie. Mélangez bien. Incorporez ensuite la crème fraîche. Versez la préparation dans une sorbetière et turbinez 30 minutes. Versez la crème glacée dans un bac et placez au congélateur pendant au moins 1 heure.

4. Mettez la glace au thé vert dans un blender. Ajoutez de la glace pilée et mixez à vive allure jusqu'à obtention d'une boisson épaisse et mousseuse. Versez dans un verre et servez aussitôt.

MILK-SHAKE
à la myrtille

POUR 1 VERRE
PRÉPARATION : 5 MIN

50 g de myrtilles surgelées (ou congelées par vos soins)
15 cl de lait froid
1 cuillerée à soupe de sucre

★★★

Astuce

Tous les fruits frais peuvent servir de base à ce type de milk-shake. Il suffit de les couper en morceaux et de les placer au moins 1 heure au congélateur.

1. Dans un blender, mettez le lait, le sucre et les myrtilles encore congelées.

2. Mixez jusqu'à obtenir une préparation épaisse et homogène. Versez dans un verre et dégustez sans attendre.

MILK-SHAKE PÊCHE, *lait de coco et ananas*

POUR 1 VERRE
PRÉPARATION : 5 MIN

⅛ d'ananas
1 boule de sorbet à la pêche
10 cl de lait de coco très froid
1 cuillerée à soupe de sucre

★★★

Astuce

Pensez à mettre vos verres au réfrigérateur 1 heure avant de réaliser le milk-shake.

1. Épluchez l'ananas et coupez-le en petits cubes.

2. Mettez le sorbet à la pêche, les cubes d'ananas et le sucre dans le bol d'un mixeur. Faites tourner vivement en ajoutant le lait de coco glacé petit à petit.

3. Versez aussitôt dans un grand verre givré et servez.

MILK-SHAKE anti-fatigue

POUR 1 VERRE
PRÉPARATION : 10 MIN

1 kiwi
⅓ de banane
3 feuilles de menthe
1 yaourt velouté
1 cuillerée à soupe de sirop de menthe
glaçons

★★★

Astuce

Ce cocktail vitaminé et énergétique est idéal pour bien commencer la journée.

1. Pelez le kiwi et coupez-le en dés. Pelez la banane et coupez-la en rondelles.

2. Dans un blender, mettez les fruits, le sirop, le yaourt, les feuilles de menthe et 3 glaçons. Mixez jusqu'à obtenir une préparation homogène.

3. Versez dans un verre et dégustez sans attendre.

MILK-SHAKE *potiron-carotte*

POUR 1 VERRE
PRÉPARATION : 10 MIN
CUISSON : 15 MIN

50 g de potiron épluché
1 petite carotte
15 cl de jus de carotte
2 cuillerées à soupe de yaourt à la grecque
1 pincée de cannelle
1 cuillerée à soupe de miel
glaçons

★★★

Astuce

Remplacez la cannelle par un mélange spécial pain d'épices.

1. Faites cuire le potiron coupé en morceaux à la vapeur, jusqu'à ce qu'il soit bien tendre. Laissez refroidir. Épluchez la carotte et détaillez-la en lanières à l'aide d'un économe.

2. Dans un blender, versez le jus de carotte, ajoutez le potiron, le yaourt, le miel et la cannelle. Ajoutez 3 glaçons et mixez jusqu'à obtenir un mélange épais et homogène.

3. Versez le milk-shake dans un verre, ajoutez les lanières de carotte et dégustez.

BOISSONS
maison

LIMONADE
aux fraises

POUR 1 VERRE
PRÉPARATION : 15 MIN
MACÉRATION : 1 H

50 g de fraises
+ 2 pour le décor
le jus de ½ citron
20 cl de limonade
10 g de sucre
glaçons

★★★

Astuce

Vous pouvez réaliser cette boisson rafraîchissante avec un mélange de fruits rouges frais : fraises, framboises, groseilles…

1. Lavez les fraises, équeutez-les et coupez-les en quatre. Déposez-les dans un grand bol, ajoutez le sucre et le jus de citron puis laissez macérer 1 heure.

2. Versez les fraises et leur jus dans un blender. Réduisez-les en purée. Passez la purée obtenue au tamis pour retirer tous les grains.

3. Versez la purée de fraises dans un verre haut. Ajoutez la limonade bien fraîche, les fraises réservées coupées en deux et quelques glaçons. Dégustez sans attendre.

LIMONADE *au citron vert*

POUR 1 VERRE
PRÉPARATION : 10 MIN

1 citron vert non traité
15 cl d'eau gazeuse
5 cl d'eau
2 cuillerées à soupe de sucre en poudre
glaçons

★★★

Astuce

La préparation au citron peut être réalisée à l'avance et réservée au réfrigérateur. Il ne vous restera qu'à ajouter l'eau gazeuse et les glaçons.

1. Lavez le citron vert et coupez-le en morceaux. Mettez-le dans un blender avec le sucre et l'eau. Mixez jusqu'à ce qu'il soit complètement pulvérisé, et que le mélange soit mousseux.

2. Filtrez cette préparation au-dessus d'un grand verre. Ajoutez l'eau gazeuse et quelques glaçons. Dégustez sans attendre.

LIMONADE
au pamplemousse

POUR 1 VERRE
PRÉPARATION : 10 MIN

½ pamplemousse non traité
2 cuillerées à soupe de sirop de pamplemousse
15 cl d'eau gazeuse
5 cl d'eau
glaçons

★★★

1. Prélevez une lamelle de zeste de pamplemousse à l'aide d'un économe. Récupérez la pulpe du fruit avec une petite cuillère. Mettez le tout dans un blender avec le sirop et l'eau. Mixez jusqu'à ce que le mélange soit mousseux.

2. Filtrez cette préparation au-dessus d'un grand verre. Ajoutez l'eau gazeuse et quelques glaçons. Dégustez sans attendre

Astuce

La préparation au pamplemousse peut être réalisée à l'avance et réservée au réfrigérateur. Il ne vous restera qu'à ajouter l'eau gazeuse et les glaçons.

CITRONNADE *maison*

POUR 1 VERRE
PRÉPARATION : 10 MIN
RÉFRIGÉRATION : 1 H

2 citrons jaunes (non traités ou bio)
2 brins de thym citron
1 cuillerée à soupe de miel
glaçons

★★★

Astuce

Vous pouvez réaliser cette citronnade avec du citron jaune ou du citron vert, ou encore mélanger les deux.

1. Pressez le jus d'un citron, coupez l'autre en rondelles. Lavez le thym.

2. Faites tiédir le jus de citron avec 2 cuillerées à soupe d'eau. Ajoutez le miel et mélangez jusqu'à ce qu'il soit complètement dissous.

3. Dans une carafe, mélangez le jus de citron au miel, les rondelles de citron et le thym. Complétez avec 25 cl d'eau et réservez 1 heure au frais.

4. Servez la citronnade bien fraîche dans un grand verre. Ajoutez quelques glaçons et dégustez.

THÉ VERT GLACÉ
au gingembre et au citron vert

POUR 1 VERRE
PRÉPARATION : 10 MIN
RÉFRIGÉRATION : 1 H
CUISSON : 2 MIN

1 sachet de thé vert
1 citron vert
1 cm de gingembre frais
1 brin de menthe
1 cuillerée à soupe de sucre de canne
glaçons (facultatif)

★★★

Astuces

Un cocktail très rafraîchissant, à essayer au choix en version sucrée ou non sucrée (ou avec édulcorant). Vous pouvez également utiliser du thé au jasmin ou un autre thé vert parfumé.

1. Faites bouillir 25 cl d'eau. Ajoutez le sachet de thé et laissez infuser 5 minutes. Retirez le sachet et laissez refroidir.

2. Pelez et râpez le gingembre, coupez la moitié du citron en rondelles, pressez le jus de l'autre moitié. Lavez et effeuillez la menthe.

3. Lorsque le thé a refroidi, versez-le dans un pichet. Ajoutez le jus et les rondelles de citron, le gingembre, la menthe et le sucre. Mélangez et réservez au moins 1 heure au frais.

4. Versez le thé glacé dans un verre, ajoutez quelques glaçons si besoin et dégustez.

THÉ GLACÉ *aux fruits rouges*

POUR 1 VERRE
PRÉPARATION : 5 MIN
INFUSION : 10 MIN
RÉFRIGÉRATION : 2 H
CUISSON : 2 MIN

1 sachet de thé aux fruits rouges
6 fraises
le jus de ½ citron
1 cuillerée à soupe de sucre
glaçons

★★★

1. Faites chauffer 25 cl d'eau jusqu'à frémissement puis ajoutez le sachet de thé, le sucre et 4 fraises. Laissez infuser 10 minutes.

2. Retirez le sachet de thé, filtrez au travers d'une passoire en écrasant ce qu'il reste de fraises et versez dans un pichet. Ajoutez le jus de citron, laissez refroidir puis mettez 2 heures au frais.

3. Versez le thé glacé dans un grand verre. Ajoutez quelques glaçons et les fraises restantes coupées en morceaux, puis dégustez.

Astuce

Vous pouvez également utiliser une infusion aux fruits rouges ou un thé roïbos sans théine, pour un thé glacé qui n'empêche pas de dormir!

HORCHATA

POUR 1 VERRE
PRÉPARATION : 5 MIN
TREMPAGE : 24 H

50 g de souchet entier (magasins bio)
20 cl d'eau de source
50 g de sucre

★★★

Astuce

Vous pouvez ajouter un peu de jus de citron ou de la cannelle.

1. Laissez tremper le souchet dans de l'eau pendant 24 heures, en changeant l'eau plusieurs fois.

2. Égouttez le souchet et rincez-le. Déposez-le dans un blender. Ajoutez l'eau de source et le sucre. Mixez puis filtrez la préparation.

3. Versez dans une petite bouteille et réservez au réfrigérateur. Dégustez l'horchata glacée.

LASSI
aux noix

POUR 1 VERRE
PRÉPARATION : 5 MIN

10 g de noix
1 yaourt nature
5 cl de lait
1 cuillerée à soupe de sucre en poudre

★★★

Astuce

Remplacez le lait de vache par du lait de chèvre ou de brebis, ou encore par du lait de soja.

1. Coupez les noix en petits morceaux. Mettez-en quelques-unes de côté pour le décor.

2. Mettez tous les ingrédients dans un blender, sauf le lait, et mixez. Une fois le mélange onctueux, ajoutez progressivement le lait, tout en continuant à mixer.

3. Réservez le lassi au réfrigérateur jusqu'au moment de servir. Versez la préparation dans un verre et décorez des noix réservées.

LASSI AUX FRAMBOISES *et à la rose*

POUR 1 VERRE
PRÉPARATION : 5 MIN

50 g de framboises
1 yaourt brassé nature
le jus de ½ citron vert
1 cuillerée à soupe d'eau de rose
1 cuillerée à soupe de miel
2 glaçons

1. Lavez délicatement les framboises, déposez-les dans un blender avec le reste des ingrédients puis mixez.

2. Réservez au réfrigérateur jusqu'au moment de servir.

INDEX DES RECETTES

P

S

T

ÉQUIVALENCES

Mesures liquides

Système métrique	Système américain	Autre nom
5 ml	1 cuillère à thé (cuillère à café française)	
15 ml	1 cuillère à table (cuillère à soupe française)	
35 ml	1/8 cup (tasse française)	1 oz (ou once)
65 ml	1/4 cup ou 1/4 grand verre	2 oz
125 ml	1/2 cup ou 1/2 grand verre	4 oz
250 ml	1 cup ou 1 grand verre	8 oz
500 ml	2 cups ou 1 pinte	
1 litre	4 cups ou 2 pintes	

Mesures solides

Système métrique	Système américain	Autre nom
30 g	1/8 oz	
55 g	1/8 lbs	2 oz
115 g	1/4 lbs	4 oz
170 g	3/8 lbs	6 oz
225 g	1/2 lbs	8 oz
454 g	1 livre	16 oz

Chaleur du four

Chaleur	° Celsius	Thermostat	° Fahrenheit
Très doux	70 °C	Th. 2-3	150 °F
Doux	100 °C	Th. 3-4	200 °F
	120 °C	Th. 4	250 °F
Moyen	150 °C	Th. 5	300 °F
	180 °C	Th. 6	350 °F
Chaud	200 °C	Th. 6-7	400 °F
	230 °C	Th. 7-8	450 °F
Très chaud	260 °C	Th. 8-9	500 °F

Direction éditoriale : Anne La Fay
Édition : Adèle Vay
Direction artistique : Caroline Soulères et Julie Mathieu
Maquette : Chantal Tuaud, Julie Mathieu et Elfried Werner
Fabrication : Thierry Dubus et Gwendoline Da Rocha
N° d'édition : A15050
ISBN : 9782317005992
MDS : 63063
Photogravure : Apex
Achevé d'imprimer en février 2015 par MacroLibros - Espagne
Dépôt légal : mars 2015
Édition N°1

Textes : © Dominique Sauvages

Photo de couverture : © Amélie Roche
Stylisme de la photo de couverture : AnneCé Bretin

Crédits Photo : p. 15, 19, 21, 27, 29, 33, 37, 39, 57, 67, 71,73, 81, 83, 89, 91, 99, 117, 119, 121, 123, 127, 137, 145, 149, 151, 153, 155, 157, 169, 177, 179, 181, 203, 211, 217 : © Thys/ Superdelux / Sucré Salé ; p. 17, 23, 31, 35, 45, 47, 49, 51, 53, 55, 59, 61, 65, 77, 85, 93, 103, 139, 141, 143, 163, 165, 173, 175, 185, 195, 197, 199, 213, 215 : © Lawton / Sucré Salé ; p. 25 : © Cultura Creative / Sucré Salé ; p. 41, 97, 135 : © Food & Drink / Sucré Salé ; p. 43, 115 : © Nurra / Sucré salé ; p. 63, 69 : © Radvaner / Sucré salé ; p. 75 : © Thys / Sucré Salé ; p. 79, 183, 187, 205, 207, 219 : © Studio / Sucré Salé ; p. 95, 159 : © Hall / Sucré Salé ; p. 101 : © Fénot / Sucré salé ; p. 105, 107, 161, 171 : © Bagros / Sucré Salé ; p. 109 : © Garcia / Sucré Salé ; p. 111 : © Nicoloso / Sucré Salé ; p. 113, 129 : © Riou / Sucré Salé ; p. 125 : © Roche / Sucré Salé ; p. 131, 167 : © Carnet / Sucré Salé ; p. 133, 189 : © Amiel / Sucré salé ; p. 191 : © Veigas / Sucré Salé ; p. 193 : © Kanako / Sucré Salé ; p. 209 : © Image Source / Sucré Salé

www. mangoeditions.com

Retrouvez-nous sur :
https://www.facebook.com/Mangocuisine

Dans la même COLLECTION

DÉCOUVREZ 100 % CUISINE,
LA COLLECTION DE 100 RECETTES INRATABLES !

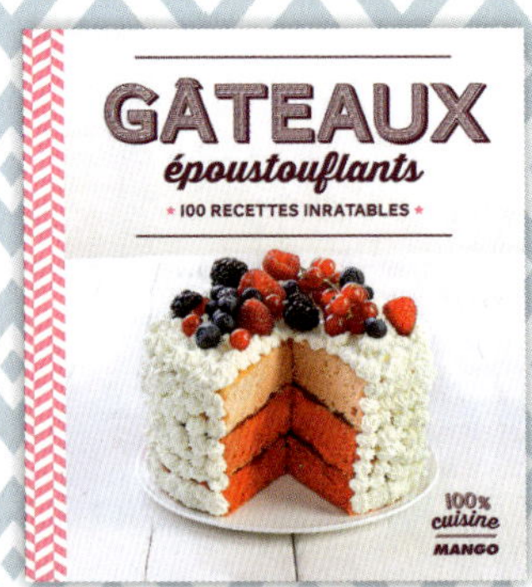

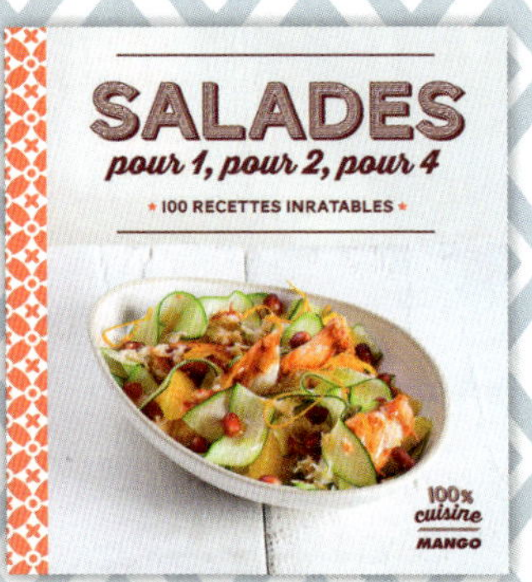

Collectionnez-les tous !